Die Reise mit den Zauberponys

Die geheimnisvolle Reiterin

Zeichnungen
von Lisa Althaus

Aus dem Englischen
von Marie Polixa

Arena

Weitere Titel in dieser Reihe:
Reite, kleine Prinzessin!
Im Galopp ins Abenteuer
Dein Auftritt, Ponytänzerin!

Mit Dank an Holly Skeet

In neuer Rechtschreibung

1. Auflage 2006
Für die deutsche Ausgabe:

Einbandillustration: Irmgard Paule
Innenillustration: Lisa Althaus
Aus dem Englischen von Marie Polixa
Gesamtherstellung: westermann druck Zwickau GmbH
ISBN 3-401-06018-X
978-3-401-06018-7

www.arena-verlag.de

1. Kapitel

»Ich hab eine!« Sophie schwang ihren langen Bambusstab. An dem Haken am Ende des Stabs baumelte eine gelbe Plastikente.

»Gut gemacht!«, sagte ihre Mutter.

Sophies Papa machte die Ente los und gab sie der Frau, die auf der anderen Seite des aufblasbaren Planschbeckens stand. Jede Menge gelbe Plastikenten schaukelten auf dem Wasser und warteten darauf, geangelt zu werden.

Die Frau lächelte Sophie zu. »Du darfst dir deinen Gewinn aussuchen!«

Sophie griff nach einem Schlüssel-Anhänger. Es war ein nachtschwarzes Pony mit einem glitzernden gelben Halfter. Sophie liebte Ponys über alles. »Danke!«, sagte sie zu der Frau.
Da krachte es. Sophies kleine Schwester Mollie hatte ihre Angel weggeworfen. »Dummes Spiel!«, murrte sie. »Ich krieg einfach keine Ente. Immer schwimmen sie weg!«
Sophie seufzte. Mollie war erst vier und immer beleidigt, wenn sie nicht alles schaffte, was Sophie konnte.
»Komm, wir finden etwas anderes für dich«, sagte Papa. Er nahm Sophie und Mollie an der Hand, und sie schlenderten weiter über den Jahrmarkt. Es war laut und trubelig, und Sophie hielt die Hand ihres Vaters gut fest. Die andere Hand steckte sie

in ihre Jackentasche, um
sicherzugehen, dass ihr Schlüssel-
Anhänger nicht herausgefallen war.
Das kleine schwarze Pony zwischen
ihren Fingern fühlte sich warm und
glatt an.
Es gab so viele Stände und

Fahrgeschäfte! Sophie konnte sich gar nicht entscheiden, was sie als Nächstes ausprobieren wollte.
Ihre Mutter zeigte auf eine Bude mit einer Torwand. Dort gab es für jeden Fußball-Treffer einen Preis. Doch Sophie war überzeugt, dass sie keinen schöneren Preis gewinnen konnte als ihr schwarzes Pony, und deshalb schüttelte sie den Kopf.
Da sah sie hinter der Torwand ein spitzes goldenes Dach hervorblitzen. Sophie zog an Papas Hand und zerrte ihn mit sich. »Schau mal!«, rief sie. »Es ist ein Pony-Karussell!«
Es war das hübscheste Karussell, das sie je gesehen hatte. Die Holzpferdchen sahen ganz echt aus mit ihren glänzenden Augen und dem wehenden Schweif.

»Möchtest du mal fahren?«, fragte Mama.
»Oh ja, bitte!«, sagte Sophie. Nichts würde ihr mehr Spaß machen, als auf einem der Ponys rundherum zu reiten und die gedrechselte goldene Stange festzuhalten.
Aber Mollie hatte etwas anderes gesehen. »Ich möchte zu den Riesen-Teetassen!«, rief sie und zeigte auf ein anderes Fahrgeschäft.
Sophie starrte sie empört an. Wie konnte man kreiselnde Riesen-Teetassen besser finden als das wunderschöne Pony-Karussell?
Mollie zog ihren Vater in Richtung Teetassen.
Sophie war enttäuscht. Später würde sie bestimmt nicht mehr Karussell fahren dürfen!

Ihre Mutter beugte sich zu ihr hinunter und legte die Hand auf ihre Schulter. »Sollen wir beide hier bleiben – und Papa geht mit Mollie allein zu den Teetassen?«, fragte sie.
Sophie nickte begeistert. Sie lief zu den Stufen, die zum Karussell hinaufführten. Es gab so viele verschiedene Pferdchen!
Da war ein stämmiges weißes Pony mit einer Stehmähne und Glöckchen am Geschirr. Solche Ponys zogen Schlitten, das hatte Sophie auf Bildern gesehen. Dann entdeckte sie ein stolzes braunes Ritter-Pony. Sein Schweif fiel bis auf den Boden, und es trug einen Damen-Sattel.
Doch dann hielt Sophie den Atem an: Eines der Pferdchen sah genauso aus wie ihr Schlüssel-Anhänger! Es war

Süße Früchtchen

nachtschwarz und an seinem Halfter funkelten rosafarbene und violette Glitzersteinchen!
Sophie ging näher heran und sah, dass an der goldenen Stange ein Schild befestigt war. »Diamant« stand darauf. Ein wunderschöner Name für ein wunderschönes Pony!
Jemand hüstelte, und Sophie schrak zusammen. Ein Herr stand hinter ihr. Er trug einen roten Samt-Frack und einen rot-grün gestreiften Zylinder. Jetzt machte er eine Verbeugung und schwang den Zylinder.
»Willkommen in Barkers Zauberpony-Karussell!«, begrüßte er sie feierlich. Seine blauen Augen funkelten. »Ich heiße Mister Barker.«
Sophie starrte ihn an. »Sagten Sie gerade Zauberpony-Karussell?«

Mister Barker lächelte verschmitzt. »Aber ja! Absolut zauberhaft! Möchtest du gerne mal fahren?«

»Oh ja, schrecklich gern!« Sophie schnappte vor Aufregung nach Luft.

»Nun, ich hab noch ein paar Fahrscheine für die nächste Runde«, sagte Mister Barker, griff in seine Jackentasche und zog einige winzige rosafarbene Papierstückchen heraus. »Der Name deines Ponys steht auf der Rückseite des Fahrscheins, den du wählst, Sophie. Überleg dir gut, welches Pony es sein soll!« Mister Barker streckte ihr die Fahrscheine entgegen und dazu eine Lupe. »Such dir einen aus! Und dann nimm die Lupe zu Hilfe. Die Schrift ist zu klein, um sie mit bloßem Auge zu lesen«, erläuterte er.

Sophie dachte ganz fest an das

schwarze Pony. Dann zog sie mit zitternden Fingern einen der Fahrscheine. Sie nahm die Lupe und blickte auf das winzige Stück Papier. Die geschwungene Schrift war schwer zu entziffern – aber es stand eindeutig da: Diamant.
»Es ist Diamant!«, jubelte sie.
»Oh, das ist ein ganz besonderes Pony!« Mister Barker strahlte. »Nun steig schnell auf, gleich geht's los! Alles einsteigen! Alles einsteigen ins Zauberpony-Karussell!«
Sophie lief die Stufen hinauf und schlängelte sich an den Holzpferdchen vorbei zu Diamant. »Ich bin so froh, dass dein Name auf meinem Fahrschein stand!«, flüsterte sie und streichelte Diamants Stirn. Das glänzende Holz fühlte sich seidenglatt

an unter ihren Fingern. Diamants Augen schienen sie fröhlich anzublicken, als freue er sich darauf, sie tragen zu dürfen. Sophie gab ihm einen schnellen Kuss auf die Nase und stieg in den Sattel.

Mister Barker wartete, bis alle aufgesessen hatten. Dann drehte er die große goldene Kurbel, um das Karussell in Gang zu setzen. Ein knirschendes Geräusch, Musik erklang – und Sophie spürte, wie Diamant sich in die Luft erhob, als das Karussell sich zu drehen begann. Sie umfasste die goldene Stange ganz fest und winkte ihrer Mutter, als sie an ihr vorbeiwirbelte.

Der Jahrmarkt versank in silbrig-violettem Nebel, die Musik klang in Sophies Ohren und die Menschenmenge verschwamm im Dunst.

Sophie blinzelte – die anderen Mädchen auf ihren Holzponys waren verschwunden! Sie galoppierte auf Diamant durch eine Glitzerwolke. Das

Licht wurde dämmrig, bis schließlich eine samtige Dunkelheit sie umgab. Und plötzlich wusste Sophie, dass sie sich nicht mehr auf dem Jahrmarkt befand!

2. Kapitel

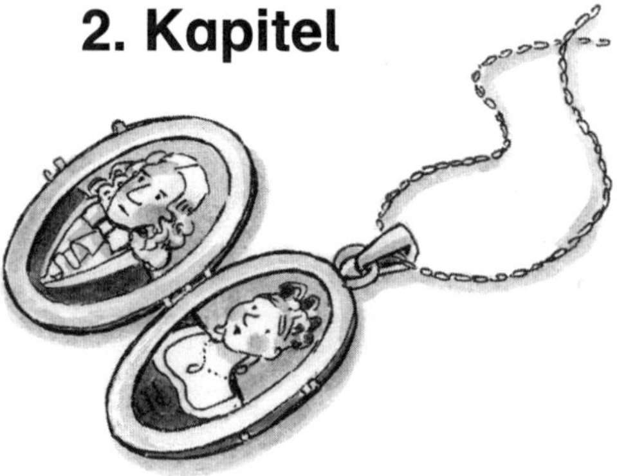

Als der Glitzernebel sich verzogen hatte, standen Sophie und Diamant auf einer mit Heide bewachsenen Ebene ganz allein an einer Wegkreuzung. Etwas entfernt stand ein einzelnes Haus. Durch eines der Fenster schimmerte schwaches Licht. In der Ferne hörte Sophie eine Kirchturmuhr schlagen, zehn, elf, zwölf Mal. Mitternacht!
Sophie blickte sich um. Sie fürchtete sich ganz schrecklich! Vor einer Minute hatte sie noch im bunten, lauten

Jahrmarktgetümmel gestanden. Und jetzt war sie mitten im Nirgendwo gelandet – in tiefer Nacht!
Sie griff nach Diamants Mähne, um sich zu trösten. Zu ihrer Überraschung schnaubte er und schüttelte den Kopf. Diamant war überhaupt nicht aus Holz! Er war ein echtes Pony! Sophie strich über sein dichtes, warmes Fell. Er drehte den Kopf zu ihr um und schnoberte an ihrer Hand. Die Glitzersteine an seinem Halfter funkelten im Mondlicht.
»Was ist passiert?«, stieß Sophie hervor. »Wo sind wir bloß?«
Langsam gewöhnten sich ihre Augen an die Dunkelheit, und sie bemerkte, dass sie nicht mehr ihre Lieblingsjeans mit den Pailletten und ihr T-Shirt trug, sondern eine glänzende schwarze

Satinhose, weiche Lederreitstiefel und ein weißes Hemd mit Rüschen am Kragen und an den Manschetten. Um ihre Schultern lag ein herrlicher schwarzer Samtumhang, gesäumt mit purpurroter Seide. Sophie bewegte die Füße in den Stiefeln – sie passten wie angegossen.

Das war das richtige Kostüm für ein Abenteuer!
Etwas Weißes schimmerte zwischen den Bäumen am Straßenrand auf, und Sophie lenkte Diamant hinüber.
Doch Diamant wollte ihr nicht gehorchen. Sophie spürte, wie er zitterte; seine Trense klirrte, als er nervös den Kopf schüttelte.
»Schon gut, mein Junge«, murmelte Sophie und klopfte seinen Hals.
»Alles in Ordnung. Wir gehen nur nachschauen, was das Weiße da vorne ist.«
Sophie hatte schon öfter nervöse Ponys geritten. Sie wusste, dass sie Diamant auf keinen Fall vorwärts zwingen durfte, wenn er nicht wollte. Und sie selbst musste ganz ruhig bleiben.
Was da weiß leuchtete, stellte sich als

ein Plakat heraus, das an einem Baumstamm befestigt war. Sophie ließ Diamant ganz nah herangehen, damit sie die Schrift auf dem Plakat lesen konnte. Vielleicht fand sie so heraus, wo sie war!

BELOHNUNG
WER HAT DIESEN MANN GESEHEN?

Sophie schnappte nach Luft. Ein Steckbrief!
Sie löste das Plakat vom Baumstamm, um es aus der Nähe betrachten zu können. Unter der fettgedruckten Schlagzeile befand sich das Bild eines finster dreinblickenden Mannes mit dichten schwarzen Augenbrauen und einer hässlichen Narbe im Gesicht. Sophies Blick wanderte zu einigen

BELOHNUNG
WER HAT DIESEN MANN GESEHEN?
TRUTZ VON GREIFENK

Zeichnungen. Sie stellten verschiedene Schmuckstücke dar, unter anderem ein wunderschönes Medaillon mit Rosenmuster. Im Text hieß es, dass dieses Medaillon dem Grafen von Sussex gestohlen worden war. Das Medaillon enthielt die Bildnisse des Grafen und seiner Frau. Die Schrift am Schluss des Absatzes war wieder fett gedruckt:

REICHE BELOHNUNG FÜR DENJENIGEN, DER DEN AUFENTHALTSORT DES ABSCHEULICHEN STRASSENRÄUBERS TRUTZ VON GREIFENKLAU MELDET.

Sophie schauderte. »Diesem Trutz von Greifenklau möchte ich heute Nacht

nicht begegnen«, sagte sie und befestigte den Steckbrief wieder an dem Baumstamm.
»Ich auch nicht«, antwortete eine Stimme.
Sophie kippte vor Schreck beinahe aus dem Sattel. Wer hatte da gesprochen? Sie sah sich um. Hatte sich jemand angeschlichen? Aber da war niemand. Niemand – außer Diamant.
Sophie runzelte die Stirn, lehnte sich nach vorn und flüsterte in Diamants Ohr: »Warst du das?«
Diamant nickte.
Sophie setzte sich kerzengerade auf. »Aber Ponys können nicht sprechen! Was ist hier los?«
Diamant schüttelte seine Mähne. »Hat dir Mister Barker nicht gesagt, dass es ein Zauberpony-Karussell

ist?«, fragte er. »Alle Ponys können sprechen – aber die meisten Menschen wissen nicht, was wir sagen! Mit dem Fahrschein des Zauberpony-Karussells kannst du mich verstehen. Alle anderen denken, ich wiehere!«

War das aufregend!

»Ich wusste doch, dass das Ponykarussell etwas ganz Besonderes ist!«, rief Sophie.

»Das Ponykarussell hat uns an diesen Ort gebracht, weil wir hier jemandem zu Hilfe kommen sollen«, erklärte Diamant. »Aber keine Sorge – es bringt uns wieder zurück, bevor deine Mutter etwas davon merkt.«

»Wem sollen wir denn zu Hilfe kommen?« Sophie sah sich um. »Hier ist doch keiner außer uns!«

Diamant schnaubte. »Wir werden es wissen, wenn uns diese Person über den Weg läuft. Ich wünschte nur, es wäre nicht so dunkel«, brummelte er. »Warum muss unser Abenteuer ausgerechnet mitten in der Nacht stattfinden?«

»Hab keine Angst, Diamant«, sagte Sophie. Sie streckte ihre Hand aus und kraulte ihn hinter den Ohren.

Diamant machte den Hals ganz lang. »Oh, tut das gut . . . noch ein bisschen höher . . . Moment mal! Was war das?«

Etwas rumpelte und ratterte die Straße entlang. Sophie nahm die Zügel an, damit Diamant nicht davonstob.

Der Lärm wurde lauter und lauter – und da tauchte eine altmodische Kutsche mit vier wunderschönen graufalben Pferden aus dem nächtlichen Schatten auf. Die Pferde sausten im Galopp heran, das Geschirr klirrte und ihre Schweife wehten im Wind.

»Wir gehen lieber aus dem Weg«, meinte Diamant nervös und trat in den Schatten der Bäume.

Die Kutsche fuhr so schnell, dass die Laternen hinter dem Kutschbock hin und her schwangen.

Sophie, die hinter den Bäumen hervorlugte, konnte erkennen, wie sich die Passagiere mit aller Kraft festklammerten. Nach einer bequemen Reise sah das nicht gerade aus – auf diesem steinigen Weg voller Schlaglöcher.

Gerade als die Kutsche an Sophie und Diamant vorbeifuhr, sprang auf der anderen Straßenseite ein

fuchsfarbenes Pony hinter dem Gebüsch hervor. Seine Reiterin, etwa so alt wie Sophie, trieb es heftig vorwärts.
Sophie hielt den Atem an. »Wo kommt die denn her?«, fragte sie Diamant. »Ob sie in die Kutsche einsteigen will?«
»Glaub ich nicht«, flüsterte Diamant. »Sieh nur!«
»Halt! Geld her!«, rief das Mädchen jetzt. Doch ihre Stimme klang nicht laut und fordernd, sondern ziemlich

zaghaft. Ihr Pony bäumte sich auf und wieherte.
Aber der Kutscher fuhr so schnell, dass er das Mädchen im Schatten der Bäume gar nicht bemerkte. Schon rumpelte die Kutsche vorbei, die großen Holz-Räder klapperten über die Steine. Sophie betrachtete das Mädchen genauer. Mit ihrem weißen Gesicht und dem üppigen weißblonden Haar sah sie im Mondlicht fast wie ein Geist aus. Sie trug einen dunklen Dreispitz tief ins Gesicht gezogen und einen weiten Umhang, der dem von Sophie ähnelte. Als sie sich umwandte, sah Sophie die schwarze Maske über ihren Augen.
Eine Straßenräuberin!

3. Kapitel

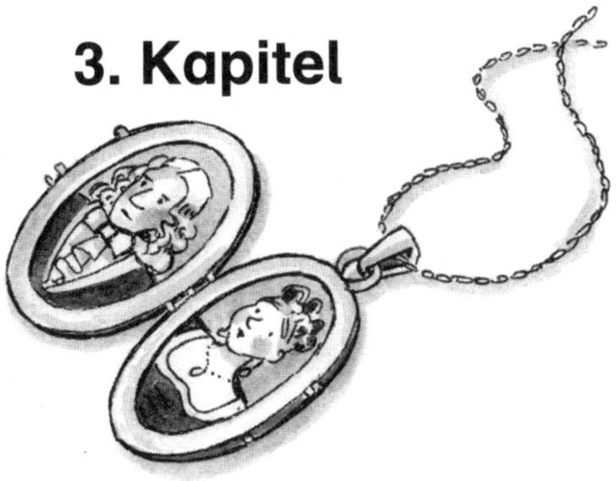

Sophie hatte in ihrem Lieblingsbuch mit Pferdegeschichten schon von Straßenräubern gelesen – aber von einem Mädchen als Straßenräuberin hatte sie noch nie gehört!
Da schrie eine Eule, und Diamant sprang erschrocken zur Seite. Sophie wollte ihn beruhigen, aber es war zu spät. Seine Hufe klapperten auf dem steinigen Weg, und das Straßenräuber-Mädchen fuhr herum.
»Wer ist da?«, rief sie.
Sophie hielt den Atem an. »Diamant, was sollen wir tun?«, flüsterte sie.

»Ich glaube nicht, dass wir noch weglaufen können«, flüsterte er zurück. Sie weiß jetzt, dass wir hier sind.« Er schnaubte und trat aus dem Schatten. Sophie war stolz, dass er so tapfer war.

Das Räubermädchen kam zu ihnen herübergeritten. »Wer bist du?«, fragte sie.

»Bitte nicht schießen!«, stammelte Sophie.

Doch zu ihrer großen Überraschung lachte das Mädchen. »Oh, ich will dir doch nichts tun! Die Kutsche habe ich wohl verpasst, oder?«

Sophie nickte nur, viel zu überrumpelt, um etwas zu antworten.

Das Mädchen grinste. »Macht nichts. Ich hab eine Eule beobachtet und dabei die Zeit ganz vergessen. Und

überhaupt: Eigentlich wollte ich die Kutsche gar nicht überfallen. Sie kommen alle sicher zu Hause an, mitsamt ihrem Geld und ihrem Schmuck.«

Sophie war verwirrt. »Du wolltest die Kutsche gar nicht überfallen?«

Das Mädchen seufzte. »Ich sollte sie anhalten und den Passagieren das Geld abnehmen. Aber so was liegt mir einfach nicht. Ich bin bestimmt der schlechteste Straßenräuber aller Zeiten!« Sie lächelte Sophie an. »Übrigens: Ich heiße Lillymarie. Und wie heißt du?«

»Ich bin Sophie – und das ist Diamant.«

»Hallo Diamant!« Lillymarie lehnte sich vor und strich über Diamants Stirn. »Du wirst mich nicht anzeigen – nicht wahr, Sophie? Wenn du zum Gemeinde-Wachtmeister gehst, krieg ich schrecklichen Ärger.«

Der Gemeinde-Wachtmeister schien wohl so eine Art Polizist zu sein. Sophies Großvater war Polizist gewesen und hatte ihr viel über seinen Beruf erzählt. Vor rund 200 Jahren hatte man in England beschlossen, dass jede Gemeinde selbst für Recht und Ordnung sorgen sollte. So war die Polizei eingeführt worden.

Sophie überlegte. Vielleicht waren sie und Diamant in diese Zeit vor 200 Jahren gereist?
Lillymarie sah sie immer noch besorgt an.
Sophie schüttelte den Kopf. »Keine Sorge, ich erzähle es niemandem. Außerdem glaub ich nicht, dass du großen Ärger kriegen würdest, weil du keine Kutsche ausgeraubt hast!«
Jetzt lächelte Lillymarie wieder; ihre Zähne blitzten weiß in der Dunkelheit. »Wahrscheinlich hast du Recht«, meinte sie. »Ich geh jetzt lieber heim. Wo übernachtest du?«
»Keine Ahnung«, gab Sophie zu. Es war ziemlich kalt, und die düstere Heide war ein bisschen zu unheimlich, um im Freien zu übernachten. Diamant stampfte mit dem Huf auf. Ihm schien

es ähnlich wie seiner Reiterin zu gehen.
Lillymarie sah Sophie hoffnungsvoll an. »Hast du nicht Lust, bei mir zu übernachten? Ich wohne im Haus meines Onkels.«
Sophie zögerte. Sie fuhr mit den Fingern durch Diamants Mähne und dachte nach. Konnte sie Lillymarie trauen? Sie machte einen freundlichen Eindruck. Andererseits war sie wie ein Straßenräuber gekleidet – obwohl sie offenbar gar keine Kutschen ausrauben wollte …
»Komm doch mit«, bat Lillymarie. »Mein Onkel ist bestimmt zum Kartenspielen gegangen, und sonst ist niemand da, der mir Gesellschaft leistet. Es wäre so schön, wenn ich jemanden zum Erzählen hätte.«

Sophie war sehr in Versuchung, aber erst wollte sie Diamant um Rat fragen. »Moment mal eben, ich – äh – ich muss Diamants Sattelgurt nachziehen«, sagte sie. »Der Sattel fühlt sich etwas locker an.« Damit ließ sie Diamant umdrehen und ein paar Schritte abseits gehen. Dann stieg sie ab und tat so, als ob sie den Gurt nachziehen würde. »Was meinst du?«, flüsterte sie Diamant zu. »Lillymarie scheint sehr nett zu sein – und eine andere Übernachtungsmöglichkeit haben wir nicht.« Diamant nickte. »Du hast Recht. Hoffentlich gibt's dort einen schönen warmen Stall für mich. Und vielleicht begegnen wir bei Lillymarie der Person, der wir helfen sollen!« Sophie führte Diamant zurück zu Lillymarie.« Es wäre sehr schön, wenn

wir bei dir bleiben könnten. Vielen Dank!«, sagte sie.
Lillymarie sprang von ihrem Pony und umarmte Sophie. »Ach, ich bin so froh! Du kannst in meinem Zimmer schlafen, und Diamant kann in den Stall zu Brauni!«
Sie strich über Braunis Mähne, und das Pony schnaubte zufrieden. Es war eine große Stute mit einem hübschen, klugen Gesicht. Gerade streckte sie die Nase aus, um liebevoll an Lillymarie zu schnobern.
Die Mädchen stiegen wieder auf, und Lillymarie ritt voran in den Wald hinein. Diamant zitterte, als die dunklen Schatten sie verschluckten. Sophie klopfte seinen Hals. »Gleich haben wir's geschafft, Diamant!«
Nach einer Weile zog Lillymarie die

Zügel an und wandte sich im Sattel zu Sophie um. »Wir sind gleich da. Aber der Pfad ist recht eng, und hier gibt es viele Dornensträucher. Also passt gut auf.«

Sophie konnte kaum einen Pfad erkennen! Sie musste zu sehr Acht geben, um Diamant zwischen den stachligen Büschen hindurchzulenken. So vertieft war sie, dass sie hochschrak, als Lillymarie plötzlich sagte: »Wir sind da!«

Sophie hob den Kopf und hielt den Atem an: Sie standen vor dem baufälligsten, heruntergekommensten Haus, das sie je gesehen hatte!

4. Kapitel

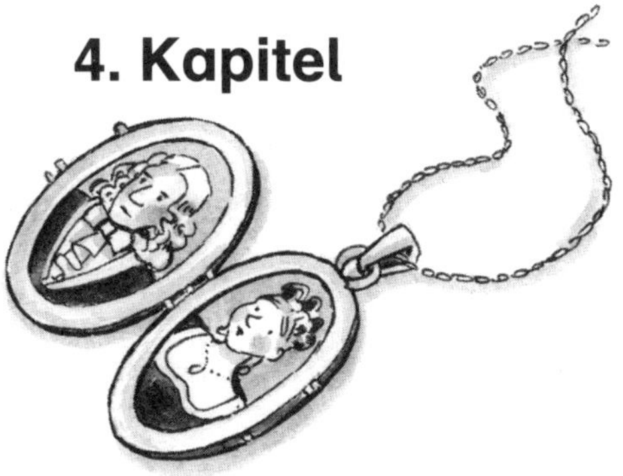

Das Haus sah aus, als ob schon lange niemand mehr darin wohnte. Die Dornenhecke wucherte über den Zaun in den Garten hinein. Das Dach mit den roten Ziegeln war voller Löcher, einige Fensterscheiben waren zerbrochen. Von der Haustür blätterte die grüne Farbe in langen Streifen ab. Da erwartete sie wohl kein besonders bequemes Schlafplätzchen, mutmaßte Sophie.

»Zum Stall geht's da lang«, erklärte Lillymarie und führte sie ums Haus. Die Ställe hätten dringend einen

Anstrich gebraucht – aber sie waren wenigstens warm, und am Boden lag eine dicke Schicht frisches Stroh.
»Ist das hier in Ordnung für dich?«, flüsterte Sophie, als sie Diamant absattelte.
Diamant sah sich um und schnaubte zufrieden, als er eine Raufe voll süß duftenden Heus bemerkte. »Hmmm«, machte er. »Keine Sorge, mir geht's hier bestens.« Und damit lief er zu der Raufe, nahm sich ein Maul voll Heu und begann zu kauen.
Sophie war erleichtert. Sie hüllte Diamant in eine mollig warme Pferdedecke, sah nach, ob er genügend Wasser im Trog hatte, umarmte ihn noch einmal und verließ den Stall.
Sie folgte Lillymarie zur Eingangstür des Wohnhauses. Das Mädchen holte einen

großen Schlüssel unter einem runden Stein neben der Schwelle hervor. Sophie starrte zu den zerbrochenen Fensterscheiben hinauf und fragte sich, ob sie im Stall nicht ein gemütlicheres Eckchen gefunden hätte.
Doch als Lillymarie die Tür aufstieß, riss Sophie die Augen auf.

»Hier drinnen ist's ein bisschen schöner, nicht wahr?«, sagte Lillymarie.
Von innen sah die baufällige Hütte wie ein Palast aus! Sophie trat ein und blickte sich staunend um. Ihre Füße versanken in einem prächtigen roten Teppich, die Wände waren mit einer wunderschönen rot-goldenen Seidentapete verkleidet. Ein Kronleuchter hing von der Decke; leise klirrten seine Glasgehänge im Kerzenschein.
»Das ist phantastisch!« Sophie wünschte, dass Diamant diese Pracht ebenfalls sehen könnte. Sie betrat einen der Räume, die von der Eingangshalle abgingen, lief zum Fenster und berührte die bodenlangen Samtvorhänge. Auf einem hübschen Tisch mit gedrechselten

Beinen bemerkte sie ein mit Schnitzereien verziertes Holzkästchen. Das Kästchen quoll über von Schmuck: Da waren Broschen und Ringe, über und über besetzt mit glitzernden Edelsteinen! Eine lange Perlenkette ringelte sich über den Tisch wie eine silbrige Schlange.
Sophie drehte sich zu Lillymarie um, die in der Tür stand und sie beobachtete. »Das Haus ist so wunderbar! Aber warum sieht es von außen so baufällig aus?
»Mein Onkel lässt es so, damit die Leute denken, dass hier niemand wohnt«, erklärte Lillymarie. »Er will keinen Besuch.«
Ehe sie fortfahren konnte, begann eine kleine silberne Uhr zu schlagen, die neben dem Schmuckkästchen auf dem Tisch stand.

»Wir sollten schlafen gehen«, sagte Lillymarie. »Ich muss morgen früh aufstehen und meinem Onkel das Frühstück machen.«
Sie führte Sophie die Treppe hinauf zu einem hübschen Zimmer mit himmelblauen Tapeten. Unter dem Fenster standen nebeneinander zwei Betten mit passenden blau-silbernen Daunendecken.
»Ich wünschte, ich hätte auch so ein Zimmer. Es wäre supercool, zwei Betten zu haben! Ich würde die ganze Zeit meine Freundinnen bei mir übernachten lassen!«
Lillymarie nahm ein Nachthemd aus einer Kommode. Sie zögerte kurz, blickte Sophie an und nagte an ihrer Unterlippe. »In dem zweiten Bett hat noch nie jemand geschlafen«, gestand

sie. »Mein Onkel will nicht, dass Freunde bei mir übernachten.« Doch dann gab sie Sophie das Nachthemd und lächelte. »Ich bin so froh, dass ich dich getroffen habe!«
Sophie hatte Mitleid mit ihrer neuen Freundin. »Hast du wirklich niemanden zum Spielen?«, fragte sie, während sie das hübsche bestickte Nachthemd anzog. Es sah viel feiner aus als ihr rosa-weiß gepunkteter Schlafanzug daheim!
Lillymarie sprang ins Bett und zog die silber-blaue Decke über ihre Knie.
»Es gibt einige Kinder im Dorf, mit denen ich gern befreundet wäre, aber mein Onkel erlaubt nicht, dass ich mit ihnen spiele.«
Sophie runzelte die Stirn. »Warum denn nicht?«

Doch Lillymarie starrte nur auf ihre Knie und zupfte an einem losen Fädchen herum, das an der Bettdecke hing. Wahrscheinlich will sie nicht über ihren Onkel sprechen, dachte Sophie und fragte nicht weiter.
Sie kuschelte sich in ihr weiches Bett und legte den Kopf auf das dicke Kissen. Was für ein aufregendes Abenteuer!

Als Sophie erwachte, schienen Sonnenstrahlen hell durch die Vorhänge herein. Lillymarie lag noch zusammengerollt im Bett und schlief tief und fest.
Unten rief jemand. Es klang ärgerlich. Sophie schlüpfte aus dem Bett und schlich sich auf Zehenspitzen hinaus. Sie lehnte sich übers Treppengeländer, blickte hinunter

und sah einen großen, breitschultrigen Mann durch die Halle laufen.

»Was ist mit meinem Frühstück, Lillymarie?«, brüllte er.

Sophie huschte schnell zurück ins Zimmer. Lillymaries Onkel wäre bestimmt nicht allzu erbaut über unerwarteten Besuch, hatte sie den Eindruck.

Lillymarie stand schon neben ihrem Bett und streifte sich die Kleider über.

»Entschuldigung, ich muss los!«, japste sie und verschwand durch die Tür, ihre Stiefel unter dem Arm.

Sophie zog sich an und schlich die Treppe hinunter in die Küche.

Lillymarie buk Eier in einer großen Pfanne über dem Feuer. Von ihrem Onkel war nichts zu sehen.

»Kann ich etwas helfen?«, fragte Sophie.

»Vielleicht könntest du Brot rösten?« Lillymarie zeigte auf einige dicke Scheiben Brot, die auf dem Tisch bereitlagen. »Die Röstgabel ist da drüben.«

Sophie schluckte. Sie hatte noch nie auf diese Art Brot geröstet: Erst wurden die

Brotscheiben auf eine Gabel gespießt und dann hielt man sie damit übers Feuer! Die erste Scheibe fiel auch gleich in die Flammen – aber dann hatte Sophie den Bogen raus. Bald war die Küche erfüllt von dem herrlichen Duft nach warmem, knusprigem Brot.
Die Mädchen luden das Frühstück auf ein goldenes Tablett, und Lillymarie trug es vorsichtig ins Esszimmer.
Sophie schaute ums Eck und sah zu, wie Lillymarie das Tablett vor ihrem Onkel abstellte.
Als er aufblickte, um etwas zu sagen, blieb Sophie fast das Herz stehen.
Dieses Gesicht hatte sie schon einmal gesehen! Lillymaries Onkel war niemand anderes als der Straßenräuber Trutz von Greifenklau!

5. Kapitel

»Warum hast du mir nicht gesagt, dass Trutz von Greifenklau dein Onkel ist?«, platzte Sophie heraus, als Lillymarie mit dem leeren Tablett in die Küche zurückkam.
»Du hast ihn also erkannt.« Lillymarie sah ganz verzweifelt aus.
Sophie nickte. »Letzte Nacht – da hing ein Steckbrief mit seinem Bild an einem Baum.«
»Ich wollte nicht, dass du Angst kriegst«, sagte Lillymarie traurig. »Ich dachte, du kommst bestimmt nicht mit,

wenn ich dir das erzähle. Und ich wollte doch so gern eine Freundin haben, wenn es auch nur für eine Nacht wäre …« Zu Sophies Kummer begann Lillymarie zu weinen.
»Oh, bitte nicht!« Sophie nahm sie in die Arme. In ihrer Hosentasche fand sie ein frisches weißes Taschentuch und gab es Lillymarie. »Ist das der Grund, warum du ein Räubermädchen sein musst?«
Lillymarie nickte.
»Aber warum lässt er dich die Kutschen überfallen?«, fragte Sophie. »Er ist doch selbst ein Räuber!«
»Er ist zu bekannt.« Lillymarie schnäuzte sich. »Im Moment ist es zu riskant für ihn, eine Kutsche anzuhalten – Wachtmeister Miller würde ihn sofort festnehmen.«

Ein Ruf aus dem Esszimmer beendete ihre Unterhaltung. Lillymarie wischte sich über die Augen und sprang hinaus. Sophie folgte ihr in die Eingangshalle und lugte ums Eck.
»So, mein Mädchen, was hast du letzte Nacht erbeutet? Goldmünzen? Schmuck? Raus damit!«, schnauzte Trutz.
Lillymarie ließ den Kopf hängen. »Ich hab es nicht geschafft, die Kutsche anzuhalten«, gestand sie.
»Nicht schon wieder!«, brüllte ihr Onkel. Er runzelte böse seine buschigen Augenbrauen, und Sophie erzitterte in ihrem Versteck. »Du bist zu gar nichts zu gebrauchen!« Er ließ seine Faust auf den Tisch krachen, dass die Teller klirrten. »Es hat keinen Sinn. Heute Nacht geh ich selbst.

Diesmal wirst du mir keinen Strich durch die Rechnung machen, Lillymarie!«

»Was ist es denn für eine Kutsche?«

Trutz hatte noch den Mund voll Toast und versprühte Krümel überallhin, als er antwortete: »Lady Amelia fährt zu einem Ball. Sie wird ihre teuersten

Juwelen tragen! Und ich werde sie an der Kreuzung erwarten!« Er schnaubte. »Wirklich wahr, wenn ich die Kutschen doch selbst überfallen muss, dann weiß ich nicht, warum ich dich noch hier behalten soll. Los, verschwinde!«, fauchte er.

Lillymarie duckte sich, als er einen silbernen Salzstreuer nach ihr warf.

Zurück in der Küche, marschierte Lillymarie verzweifelt auf und ab. »Ich darf es nicht zulassen, dass er Lady Amelia überfällt. Aber was soll ich bloß tun? Wenn er noch wütender auf mich wird, schickt er mich ins Waisenhaus!«

Mit einer Handbewegung fegte sie die goldenen Teller, die fein geschwungenen Messer und Gabeln vom Tisch, dass alles zu Boden polterte. Dann seufzte sie, kniete sich

auf die Fliesen und begann alles wieder einzusammeln.
»Irgendetwas müssen wir doch tun können!« Sophie bückte sich und half Lillymarie beim Aufsammeln.
Lillymarie versuchte ein Lächeln und sagte: »Erst mal das Geschirr abwaschen.«
Sophie beschloss, Diamant alles zu erzählen. Sie nahm ein paar Äpfel aus der Obstschale, die auf dem Tisch stand, erklärte, sie wolle die Ponys füttern, und lief hinaus.
Diamant stand neben Brauni und döste vor sich hin. Sophie streichelte ihn sanft und berichtete die Neuigkeiten.
»Trutz von Greifenklau ist ihr Onkel?«, schnaubte Diamant.
»Ja, und heute Nacht will er eine Kutsche überfallen!«, erwiderte Sophie

aufgeregt. »Diamant, du hast doch gesagt, wir wurden hierher geschickt, um jemandem beizustehen. Also ich glaube, wir müssen Lillymarie vor ihrem Onkel retten!«
Diamant nickte. »Aber wie?« Er zerkaute ein Stück Apfel und dachte nach. »Ich hab's! Hat Lillymarie nicht von dem Gemeinde-Wachtmeister gesprochen?«
»Das stimmt. Er heißt Mister Miller.«
Diamant scharrte mit dem Huf. »Wir werden ihm dabei helfen, Trutz von Greifenklau heute Nacht festzunehmen.« Er überlegte. »Aber wie sollen wir den Wachtmeister davon überzeugen, dass wir die Wahrheit sagen? Ein Haus voller Schätze mitten im Wald – das klingt wie ein Märchen!«

Doch dann spitzte er die Ohren.
»Erinnerst du dich an den Steckbrief?«
»Na klar.« Sophie sah ihn verwundert an. »Deshalb hab ich Trutz von Greifenklau doch erkannt!«
»Denk nach!«, sagte Diamant. »Auf dem Plakat war doch noch etwas abgebildet.«
Sophie rief sich den Steckbrief ins Gedächtnis. »Ja, da war eine Zeichnung von dem Medaillon, das dem Grafen von Sussex gestohlen wurde … Diamant, du bist ein Genie!«
Sie umarmte ihn stürmisch. »Wenn ich das Medaillon im Haus finde, kann ich es dem Wachtmeister zeigen. Und ich wette, ich weiß, wo es ist. Im Wohnzimmer steht ein Schmuckkästchen, das quillt nur so

über von Halsketten und Ringen. Ich werde gleich nachsehen.«

»Ich warte hier«, rief ihr Diamant hinterher, »und dann gehen wir zu Wachtmeister Miller!«

Sophie rannte ins Haus zurück. Lillymarie schrubbte gerade eine Pfanne. »Mach dir keine Sorgen! Ich hab einen Plan!«, rief ihr Sophie im Vorbeirennen zu.

Sie schlich sich in die Eingangshalle. Auf keinen Fall durfte sie Lärm machen, falls Trutz noch in der Nähe war. Als sie am Esszimmer vorbeihuschte, warf sie einen Blick hinein. Der Räuber saß am Tisch und trank mit mürrischem Gesicht eine Tasse Tee.

Sophie wusste, dass sie sich beeilen musste. Sie schlüpfte ins Wohnzimmer

und ging zum Tisch hinüber. Vorsichtig durchsuchte sie das Schmuckkästchen. Da bemerkte sie ein wunderschönes Kettchen. Es war wie eine silberne Schnur gearbeitet. Konnte dies das Medaillon sein?
Plötzlich hörte sie, wie im Esszimmer ein Stuhl zurückgeschoben wurde. Trutz stand vom Tisch auf! Sophie zog an dem Kettchen – ja, es war das Richtige! Ein großer, ovaler Anhänger

mit eingravierten Rosen hing daran – und er enthielt zwei winzige Bildnisse.
Sophie eilte zurück in die Küche. Ihr Herz klopfte wie wild. »Lillymarie, ich muss schnell ins Dorf! In welcher Richtung liegt es?«
Lillymarie machte erschrockene Augen. »Du musst den Weg zurückgehen und bei der großen Eiche nach links abbiegen. Aber du wirst doch nicht zum Wachtmeister laufen und von meinem Onkel erzählen, oder? Sophie, das darfst du nicht tun!«
Einen Augenblick lang zweifelte Sophie. War es richtig, was sie und Diamant vorhatten? Lillymarie schien so viel Angst zu haben. Ich muss es tun, sagte sie sich energisch. Lillymarie konnte nicht auf die Dauer

bei ihrem bösartigen Onkel bleiben –
jemand musste sie retten!
Genau deswegen hatte das Karussell
Sophie und Diamant hierher geschickt.
»Lillymarie, es wird alles gut, ich

versprech's dir. Verlass dich auf mich und auf Diamant. Wir treffen uns heute Abend im Dorf!« Sophie stürmte zur Hintertür hinaus – doch dann drehte sie sich noch einmal um. »Und versuch einfach, dir keine Sorgen zu machen!«

6. Kapitel

Sophie sattelte Diamant und ritt den dornigen Pfad zurück. Sie war nicht ganz sicher, welche Eiche Lillymarie gemeint hatte, aber Diamant half ihr. Er steckte seine Nase in die Luft. »Da lang! Ich rieche den Rauch aus den Schornsteinen der Häuser!«

Sie ritten auf einem gewundenen Pfad durch die Wälder. Nicht weit vom Waldrand entfernt stießen sie auf einige kleine weiße Häuschen mit strohgedeckten Dächern.

Sophie hörte ein seltsames, hell

klingendes Geräusch. »Was war das?«, fragte sie.
Diamant schnaubte. »Das ist der Hammer eines Schmieds«, erklärte er ihr. »Die Schmiede muss ganz in der Nähe sein.«
Sie folgten dem Geräusch, bis sie auf ein lang gestrecktes, niedriges Gebäude stießen. Das Tor stand offen, und sie blickten auf ein flackerndes Feuer. Ein kleiner schwarz gelockter Junge bediente etliche Blasebälge, damit die Flammen noch höher aufloderten. Etwas abseits vom Feuer beschlug ein großer weißhaariger Mann ein stämmiges braun-weiß geschecktes Pferd. Der Schmied! Sophie wusste nicht warum – aber irgendwie kam er ihr bekannt vor. Gerade passte er das glühend heiße Eisen dem Huf an. Es dampfte und

zischte, aber das Pferd schien daran gewöhnt zu sein. Der Mann, der es am Halfter festhielt, musste es nicht einmal beruhigen.
Ein Mädchen, etwa in Sophies Alter, kam um die Ecke gerannt. Sie hielt inne, als sie Sophie bemerkte, und lächelte. »Hallo!«, grüßte sie. »Suchst du jemanden?«

»Ja.« Sophie nickte. »Weißt du, wo ich Mister Miller finden kann? Den Wachtmeister?«
Das Mädchen lachte. »Du hast Glück! Das ist sein Pferd, das hier neue Hufeisen bekommt. Er ist der Mann, der das Halfter festhält.« Sie strahlte Sophie noch einmal an, dann lief sie weiter.
Der Schmied setzte den Huf des Pferdes vorsichtig ab, richtete sich auf und zwinkerte Sophie freundlich zu. Sie war ganz sicher, dass sie ihn kannte! Aber ja – er sah aus wie Mister Barker vom Karussell! Aber was machte er hier?
Der Mann, der das Pferd hielt, lächelte Sophie zu. »Hab ich gerade richtig gehört, dass du mich sprechen willst?«

Sophie nickte. Ihr Herz klopfte. Gleich würde sie dem Wachtmeister von Trutz berichten – obwohl Lillymarie sie so sehr gebeten hatte, es nicht zu tun!

Mister Miller hob die Augenbrauen. »Warum trägst du die Kleider deines Bruders?«

Sophie wurde rot. Sie hatte ganz vergessen, dass Mädchen zu der Zeit vor 200 Jahren niemals Hosen trugen! Aber das magische Karussell war wohl der Meinung, dass Hosen und Rüschenhemd zum Reiten im tiefen Wald praktischer waren als lange Röcke.

»Ich heiße Sophie«, sprudelte sie hervor, um den Wachtmeister abzulenken. »Ich habe Neuigkeiten über Trutz von Greifenklau, den Straßenräuber.« Sie zeigte auf den

Steckbrief, der an das Tor der Schmiede geheftet war.
Der Schmied pfiff durch die Zähne.
Der Wachtmeister sah überrascht aus.
Er runzelte die Stirn. »Erzähle!«
»Trutz will heute Abend Lady Amelias Kutsche überfallen!«, berichtete Sophie atemlos. »Wenn Sie sich in der Kutsche verstecken, erwischen Sie ihn auf frischer Tat!«
Sophie merkte, dass der Wachtmeister überlegte, ob er ihr glauben konnte. Sie zog das silberne Medaillon unter ihrem Umhang hervor. »Sehen Sie! Dies ist der Beweis! Ich sage die Wahrheit!«
»Es ist das gestohlene Medaillon des Grafen von Sussex!« Der Wachtmeister betrachtete das Schmuckstück von allen Seiten, bevor er sich wieder an Sophie

wandte. »Und du sagst, Trutz von Greifenklau plant einen weiteren Überfall heute Abend?«

»So ist es! Lady Amelia fährt zu einem Ball, und er will ihrer Kutsche an der Kreuzung auflauern!«

»Das ist die beste Gelegenheit, ihn zu fassen!« Mister Millers Gesicht hellte sich auf. »Niemandem ist es bisher gelungen, diesem gewieften Gauner etwas nachzuweisen – aber jetzt könnten wir es schaffen! Lady Amelia wird uns ganz bestimmt helfen!«

Da kam ein kleiner Junge in einem feinen dunkelgrünen Anzug auf sie zugelaufen. »Eine Botschaft vom Herrenhaus. Es hat gestern einen Unfall gegeben, und der Kutscher ist verletzt«, sagte er zum Schmied. »In

ein paar Tagen ist er sicher wieder in Ordnung«, fügte er hinzu. »Aber eines der Kutschpferde von Lady Amelia ist mit dem Huf in ein Loch geraten und hat das Eisen verloren. Die Lady wünscht, dass Sie ein neues anpassen. Und sie kann heute Abend nicht zum Ball fahren – mit nur einem Pferd und ohne Kutscher.

Der Schmied versicherte dem Jungen, später zum Herrenhaus zu kommen. Mister Miller wandte sich an Sophie. »Wir werden Trutz von Greifenklau nicht fassen, wenn gar keine Kutsche kommt, die er überfallen könnte!« Sophie war sehr enttäuscht. Es war so ein guter Plan gewesen! Trotzdem bedankte sie sich bei Mister Miller und ging hinüber zu Diamant.

»Was ist los? Hat er dir nicht geglaubt?«, fragte Diamant, als er Sophies bedrückte Miene sah.

»Lady Amelia kann nicht zum Ball fahren!«, erklärte Sophie. »Eins ihrer Pferde lahmt. Wir müssen uns etwas anderes überlegen.«

Diamant schwieg einen Augenblick. Dann scharrte er mit den Hufen. »Ich könnte doch helfen, die Kutsche zu

ziehen, Sophie. Wenn das Pferd ungefähr so groß ist wie ich, dann passt das Geschirr!«
Sophie umarmte ihn stürmisch. »Oh Diamant, du bist so mutig! Ich weiß, dass du es schaffen wirst! Komm, wir fragen Mister Miller!«
Sie führte Diamant zur Schmiede hinüber. Gerade beschlug der Schmied den letzten Huf. »Mister Miller, wie groß sind die Pferde von Lady Amelia?«
Mister Miller warf einen Blick auf Diamant. »Na, ich würde sagen, ungefähr so groß wie dein Pony.«
»Dann wird Diamant die Kutsche mit ziehen, und wir schnappen Trutz von Greifenklau doch noch!«, verkündete Sophie. Da fiel ihr ein, dass sie den Gemeinde-Wachtmeister vor sich hatte. Bestimmt war es ungehörig, ihn

so herumzukommandieren. Sie spürte, dass ihre Wangen leuchtend rot anliefen, aber zu ihrer Erleichterung nickte Mister Miller.

»Das ist eine sehr gute Idee«, lobte er. Doch dann verdüsterte sich seine Miene. »Aber wir haben ja gar keinen Kutscher!«

Sophie sah ihn enttäuscht an. Sie hatte ganz vergessen, dass ja auch Lady Amelias Kutscher verletzt war! Da bemerkte sie, dass der Schmied sie mit funkelnden Augen musterte. Er wandte sich an den Wachtmeister.

»Das Mädchen könnte die Kutsche lenken. Schließlich ist es ja auch ihr Pony!«

Sophie erschrak. »Aber ich weiß gar nicht, wie das geht!«, flüsterte sie Diamant zu.

Diamant schnaubte. »Ich pass schon auf. Gemeinsam schaffen wir das. Du hältst nur die Zügel, und ich sag dir, was du tun musst!«
Doch Mister Miller hatte Zweifel. »Na, also ich weiß nicht«, meinte er. »Bestimmt gibt es noch jemand anderen, den wir bitten könnten.«
Sophie fuhr mit den Fingern durch Diamants Mähne. »Aber Diamant ist mein Pony. Für ihn wäre es sicher am besten, wenn ich dabei wäre.«
Diamant wieherte und stupste den Wachtmeister mit der Nase an.
Der Schmied lachte, und der Wachtmeister schüttelte den Kopf. »Man könnte glauben, dieses Pony versteht jedes Wort«, sagte er. »Also gut. Solange ich dabei bin und ein Auge auf die Sache habe, wird schon

nichts passieren. Und jetzt sollten wir uns auf den Weg zu Lady Amelia machen. Sie wird staunen!«
Sophie grinste und drückte Diamant, so fest sie konnte. Sie würden Trutz von Greifenklau schnappen!

7. Kapitel

Wachtmeister Miller schwang sich auf seinen kräftigen Schecken und führte Sophie und Diamant geradewegs zu dem prächtigen Landsitz von Lady Amelia.
Lady Amelia war gerade im Stall und streichelte ihr verletztes Pferd. Die Lady sah wunderschön aus, etwas jünger als Sophies Mutter, mit hoch aufgestecktem, lockigem braunem Haar. Ihr rotes Seidenkleid hatte eine lange Schleppe, die Lady Amelia über dem Arm trug, damit sie nicht über den

Boden schleifte. Über den zierlichen, mit Stickerei verzierten roten Schuhen trug sie braune Überschuhe, damit der kostbare Stoff nicht schmutzig wurde. Neben Lady Amelia stand eine ältere Dame, die sehr ärgerlich aussah. Sie wedelte mit einem Fächer und beschwerte sich lautstark: »Amelia, meine Liebe, müssen wir denn noch länger hier bleiben? Der Gestank ist einfach fürchterlich. Mir ist gar nicht wohl!«

Aber Lady Amelia war so besorgt um ihr Pferd, dass sie gar nicht zuhörte.

»Armer Pastello«, sagte sie und rieb die Stirn des Pferdes. »Er sieht aus, als ob er sich sehr Leid tut.«

Dann wandte sie sich um und bemerkte Sophie und Mister Miller, die mit ihren Pferden über den gepflasterten Hof geritten kamen.

»Hallo Mister Miller. Haben Sie von unserem Unfall gehört?«

Mister Miller nahm seinen Hut ab und verbeugte sich. »Guten Tag, Mylady. In der Tat, höchst bedauerlich. Aber ich bin hier mit einem Plan, wie Sie doch noch zum Ball fahren können.«

»Ist das wahr?«, fragte die Lady interessiert. »Und die junge Dame, wird sie uns dabei helfen?« Sie strahlte Sophie an. »Wie wunderbar, jemanden zu treffen, der vernünftig gekleidet ist. Dieses Kleid hier ist für den Stall völlig ungeeignet!«

Die ältere Dame sah völlig entsetzt aus. »Skandalös!«, murmelte sie. »Ein Mädchen in Hosen! Was kommt wohl noch alles?«

»Dies ist Sophie«, erklärte Mister Miller. »Sie hatte die Idee zu unserem Plan. Mylady, wir denken, dass wir Trutz von Greifenklau endlich fassen können. Aber Sie müssen uns dabei helfen.«

Lady Amelia klatschte in die Hände. »Ist das aufregend!«

Der Wachtmeister berichtete von dem drohenden Überfall auf die Kutsche der Lady und erläuterte den Plan: Diamant

würde für das verletzte Pferd einspringen, während Sophie die Kutsche lenken würde. Er selbst würde mit in das Abteil steigen – um auf diese Weise den Räuber auf frischer Tat zu ertappen und festzunehmen.
»Was für ein brillanter Plan!«, rief Lady Amelia.
Die ältere Dame ließ entsetzt ihren Fächer sinken. »Amelia, du kannst doch diesem entsetzlichen Vorhaben niemals deine Zustimmung geben. Du und dieses kleine Mädchen, ihr wollt dem schrecklichen Räuber eine Falle stellen? Was für ein Unsinn, das Kind ist noch viel zu jung! Oh, ich glaube, ich falle in Ohnmacht ...« Sie schwankte, die Augen halb geschlossen, fing sich aber schnell wieder, als sie merkte, dass niemand vorhatte, sie aufzufangen.

»Sie macht gern ein bisschen Theater, wie?«, murmelte Diamant. Sophie musste ein Kichern unterdrücken.
»Das darfst du nicht, Amelia, das lasse ich nicht zu!« Die Dame ließ mit einem Schnapp ihren Fächer zuklappen.
»Aber Kusine Flora, wir müssen einfach!«, erklärte Lady Amelia hartnäckig. »Stell dir vor, der Räuber würde einen deiner Freunde überfallen! Und denk doch, wie aufregend es sein wird, wenn wir es allen verkünden! Du wirst als Heldin gefeiert werden!« Sie zwinkerte Sophie zu.
»Oh, meinst du wirklich?«, rief Kusine Flora atemlos.
»Aber natürlich!«, bestätigte der Wachtmeister.
»Wir müssen uns fertig machen!« Lady Amelia zog Kusine Flora mit sich,

bevor die es sich anders überlegen konnte.
Mister Miller rieb sich die Hände. »Gut gemacht, Sophie. Du bleibst hier, und ich geh meinen ältesten Sohn Billy holen. Wir brauchen noch einen starken Kerl, damit uns Trutz von Greifenklau auch nicht entwischt!«
Er stieg auf sein Pferd, und Sophie sah ihm nach, als er vom Hof ritt.
Diamant stupste sie an. »Na los, Sophie. Wir müssen etwas für dich zum Anziehen finden. Schließlich sollst du auch wie ein Kutscher aussehen!«
Sie blickte sich auf dem Hof um und entdeckte an einem Haken hinter einer Tür einen großen schwarzen Mantel mit goldenen Kordeln an den Ärmeln und einen Dreispitz.

»Meinst du, ich könnte mir die Sachen leihen?«, fragte sie.
Diamant nickte. »Der Mantel und der Hut gehören wohl dem verletzten Kutscher«, meinte er. »Der hat bestimmt nichts dagegen.«
Sophie zog die Sachen an, schlug die Ärmel um und zog den Hut in die Stirn, um ihr Gesicht zu verbergen. »Was denkst du?«
»Perfekt«, erklärte Diamant. »Niemand wird merken, dass du ein Mädchen bist!«

Den ganzen Nachmittag verbrachte Sophie auf dem Landsitz von Lady Amelia. Der Stalljunge bot an, sein Pausenbrot mit ihr zu teilen, aber sie hatte vor Aufregung keinen Appetit. Stattdessen striegelte sie Diamants

Fell, bis es glänzte wie polierte Kohle. Sirius, das andere Kutschpferd, war genauso groß wie Diamant und ebenso schwarz.

Als die Abenddämmerung hereinbrach, spannten Sophie und der Stalljunge die Ponys vor die Kutsche. Diamant flüsterte Sophie Anweisungen zu, damit sie die Lederstrippen an der richtigen Stelle festmachte. Dann fuhren sie die Kutsche zum Vordereingang und warteten auf Lady Amelia und Kusine Flora.

Als die beiden Damen auf der Treppe erschienen, war Sophie klar, warum sie den ganzen Nachmittag gebraucht hatten, um sich zurechtzumachen. Lady Amelia trug ein wundervolles weißes Kleid mit aufgestickten Blumen aus winzigen Perlen und Silberfädchen, die bei jeder Bewegung glitzerten. Ihr Haar war kunstvoll hochgesteckt und durchwebt von Perlen, passend zum Kleid. Zwei silberne Federn wurden von einer Diamantspange gehalten. Sie sah aus wie eine Märchenprinzessin, fand Sophie.

»Viel Glück, Sophie!«, rief Lady Amelia

ihr zu, als sie in die Kutsche stieg. Kusine Flora folgte ihr, raffte ihre raschelnden zartvioletten Röcke und setzte sich auf die mit Samt gepolsterten Sitze.
Gerade rechtzeitig kamen Mister Miller und Billy die Einfahrt heraufgerannt, atemlos und mit roten Gesichtern. Sie kletterten in die Kutsche und kauerten sich am Boden zusammen, damit sie von außen nicht zu sehen waren.
Sophie kicherte, als sie hörte, wie Kusine Flora sich darüber beschwerte, die Kutsche mit den zwei Männern teilen zu müssen.
Sie strich über Diamants Mähne und dann auch über die von Sirius, damit er sich nicht vernachlässigt fühlte.
Schließlich kletterte sie stolz auf ihren Sitz und nahm die Leinen auf.

»Los geht's!« Sophie ließ die Zügel leicht auf die Rücken der Ponys sinken, und die Kutsche ruckte an. Der Fahrtwind fuhr ihr in die Haare, und plötzlich war Sophie ganz atemlos vor Aufregung.

Jetzt würden sie Trutz von Greifenklau zur Strecke bringen!

8. Kapitel

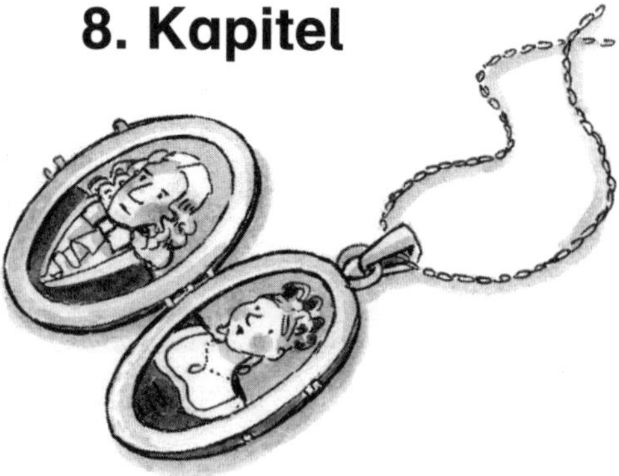

Sophie fand es herrlich, Lady Amelias Kutsche zu lenken! Diamant gab ihr perfekte Anweisungen, wann sie die Zügel annehmen sollte und wann die Pferde schneller galoppieren konnten.
Bald hatten sie die Heide erreicht. Sophie erkannte den Baum, an dem sie den Steckbrief zum ersten Mal gesehen hatte. Jetzt war die Kreuzung nicht mehr weit.
Als sie an dem Baum mit dem Steckbrief vorbeikamen, wieherte

Diamant: »Langsam, Sophie. Wir sind gleich da!«
Sophie nahm die Zügel an, und die Ponys fielen in ruhigen Trab. Da schoss Trutz von Greifenklau auf einem großen schwarzen Hengst auf sie zu. Er zügelte das Pferd so heftig, dass es sich aufbäumte und mit den Vorderhufen schlug. »Halt! Überfall!«, rief Trutz.
Sophie schlug das Herz bis zum Hals. Sie sah, dass auch Diamant sich fürchtete, denn er hatte die Ohren angelegt und schlug mit dem Schweif. In dem Moment fing die Kutsche an zu schaukeln. Der Wachtmeister und Billy krochen auf der anderen Seite aus der Kutsche. Gleich würden sie Trutz packen! Sophie musste Trutz ablenken, damit er die beiden nicht zu

früh bemerkte. Diamant schien den gleichen Gedanken gehabt zu haben. Er schnaubte und scharrte mit den Hufen, um das Quietschen der Federn zu übertönen. Sophie war stolz auf ihn! »Tut uns nichts!«, rief sie laut und gab

sich Mühe, ihre Stimme rau klingen zu lassen.
Trutz von Greifenklau warf den Kopf in den Nacken und brüllte vor Lachen. Er sprang vom Pferd und warf die Zügel über einen Ast. Dann näherte er sich der Kutschentür. »Heraus mit dem Schmuck!«, befahl er.
Lady Amelia lehnte sich aus dem Fenster. Sie schnappte nach Luft und hielt sich die Augen zu, als Trutz sich näherte. Sie wollte den Räuber ebenfalls ablenken, nahm Sophie an. Denn Lady Amelia war viel mutiger, als sie sich gerade den Anschein gab, das wusste Sophie!
»Zu Hilfe! Räuber!«, kreischte Kusine Flora.
Da raschelte es, und der Wachtmeister und Billy stürmten hinter der Kutsche

hervor. Trutz von Greifenklau stieß einen Schrei aus, aber der Wachtmeister warf ihm einen Sack über den Kopf, bevor er die Flucht ergreifen konnte. Der Räuber trat um sich und wehrte sich, als Billy ihm mit einem Seil die Hände fesselte. Doch er war tatsächlich gefangen!

Sophie sprang vom Kutschbock und öffnete mit einer Verbeugung die Kutschentür. »Lady Amelia, hier kommt ein weiterer Fahrgast!« Der Wachtmeister und Billy bugsierten Trutz in die Kutsche. Verschnürt wie ein Paket lag er am Boden, wand sich und fluchte vor sich hin.

Lady Amelia strahlte. »Exzellent! Ich hab mir schon immer gedacht, in dieser Kutsche fehlt eine Fußstütze. Meinst du nicht auch, Kusine Flora?«

»Aber ja«, stimmte die Kusine zu, die jetzt, nachdem der Übeltäter gut verpackt war, schon wesentlich mutiger dreinblickte. Und die beiden Damen platzierten ihre zierlichen Tanzschuhe auf dem Rücken des Räubers!
»Ganz hervorragend!«, meinte Mister Miller und stieg in die Kutsche. »Billy, du reitest Trutz von Greifenklaus Pferd zur Schmiede. Sophie, jetzt bringen wir den Räuber hinter Schloss und Riegel!«
Sophie schob den Dreispitz aus der Stirn und umarmte Diamant. »Du warst ja so tapfer! Und du auch, Sirius!«
Sie kletterte auf den Kutschbock und schnalzte mit der Zunge. Sie hatten Trutz von Greifenklau gefangen! Lillymarie würde nicht mehr bei ihrem schrecklichen Onkel leben müssen!

Lillymarie wartete, in einen warmen Mantel gehüllt, auf dem Dorfplatz, eine Laterne in der Hand. Sie staunte, als sie sah, dass Sophie Lady Amelias Kutsche lenkte. Als der Wachtmeister seinen widerspenstigen Gefangenen aus der Kutsche holte, schnappte sie nach Luft. »Onkel Trutz!«

»Ich musste es tun!«, rief Sophie ihr zu.

Lillymarie nickte traurig. »Ich weiß.«

»Wohin wirst du jetzt gehen?«, fragte Sophie.

Lillymarie zuckte mit den Schultern. »Keine Ahnung. Ich hab keine anderen Verwandten. Vielleicht muss ich ins Armenhaus …«

Sophie wusste nicht, was ein Armenhaus ist, aber sie fand, dass das Wort ziemlich schrecklich klang. Zweifel packten sie. Hatten sie

Lillymaries Lage am Ende noch verschlimmert?

Diamant pustete ihr sanft ins Ohr und Sophie streichelte ihn. Tränen stiegen ihr in die Augen.

»Unsinn!« Wachtmeister Miller hatte Trutz in eine Hütte hinter seinem Haus eingesperrt und kam jetzt zurück auf den Platz. »Lillymarie, du bleibst bei uns. Meine Frau und ich wollten schon immer eine Tochter!«

Lillymaries Gesicht hellte sich auf. »Ist das wirklich wahr? Vielen, vielen Dank!«

Sophie war glücklich. Jetzt würde Lillymarie nie mehr einsam sein. Und sie würde nie mehr Kutschen ausrauben und ihren schrecklichen Onkel bedienen müssen!

Lady Amelia lehnte sich aus dem

Kutschfenster. »Meinen Glückwunsch, Sophie! Du und dein tapferes Pony, ihr könnt sehr stolz auf euch sein.« Sie öffnete ihr perlenbesticktes Täschchen und reichte Sophie eine glänzende Goldmünze. »Nimm das. Du hast es dir wirklich verdient.«

Sophie wurde rot und klopfte Diamants Hals. Der schnaubte und warf seinen Kopf hoch. »Ich spüre, wie der Zauber uns zum Karussell zurückholt«, sagte er. »Schnell, nimm mir das Geschirr ab.«

Sophie löste alle Schnallen und führte Diamant zwischen den Holmen heraus. Sein Sattel war auf dem Landsitz der Lady geblieben, also stieg Sophie auf seinen blanken Rücken. Sie beugte sich hinunter und umarmte Lillymarie zum Abschied.

»Kommst du irgendwann einmal

zurück?«, rief Lillymarie, als Sophie davonritt.
»Ich hoffe es!«, rief Sophie zurück.
»Auf Wiedersehen! Auf Wiedersehen!«
Sie klammerte sich fest, und Diamant galoppierte zum Dorf hinaus. Er wurde auch nicht langsamer, als sie den dunklen, dichten Wald erreichten. Sophie musste lächeln, als sie daran dachte, wie ängstlich sie am Anfang gewesen war. Als sie sich

hinunterbeugte, um Diamant den Hals zu klopfen, da war es ihr, als ob der Nebel immer dichter würde und langsam seine Farbe veränderte. Jetzt galoppierten sie durch rosa-silberne Funken. Die Galoppsprünge des Ponys wurden mehr und mehr zu einem sanften Auf und Ab. Der Nebel verzog sich, und Sophie spürte, wie sie einen gedrechselten Holzstab umfasste. Diamants Fell war aus glänzendem schwarzem Lack und sie saß auf einem hölzernen Sattel. Ihre Eltern und Mollie winkten, das Zauberpony-Karussell drehte sich langsamer und langsamer. Das Abenteuer war vorüber.
Sophie stieg ab und strich noch einmal über Diamants Nüstern. Die Glitzersteine seines Halfters schienen sie anzublinzeln. Als sie die Hand

öffnete, glänzte darin etwas Goldenes.
Lady Amelias Münze!
Sophie umklammerte sie fest und stellte sich dicht neben Diamants Ohr.
»Ich werde dich niemals vergessen!«, flüsterte sie glücklich.